Aux Représentants du Peuple.

CITOYENS ,

Les ressources de l'État sont épuisées , le commerce est anéanti, l'industrie n'existe plus que de nom, le peuple a faim...

Ne cherchez pas ailleurs la cause de cette turbulente inquiétude, que des aveugles seuls pourraient appeler *esprit de révolte*.

Mais hâtez-vous de porter remède à la misère publique, car ceux qui voient leurs femmes et leurs enfants dépérir faute du nécessaire commencent à se persuader que l'inaction de la représentation nationale est une preuve de son impuissance.

De cette conviction à la guerre civile il n'y a qu'un pas.

Vous avez le droit d'initiative ; vous pouvez en vingt-quatre heures conjurer tout danger et poser la pierre angulaire du nouvel édifice social.

Votre patriotisme est pour le pays un garant que jusqu'ici il ne vous a manqué pour agir qu'un *moyen pratique* et inoffensif à l'égard des intérêts de toutes les classes de citoyens, je viens vous l'offrir (*).

D'OLIVIER.

(*) Ce plan financier a déjà été remis au 4ᵉ bureau par M. Edouard Aubertin, représentant de la Marne, et j'avais l'intention de le porter à la connaissance des membres de l'Assemblée nationale, par son insertion au journal *La Révolution de 1848;* mais les événements ayant nécessité la scission de l'article (Voir numéros du 13 et du 15 juin), je crois devoir le reproduire en entier et le faire distribuer à la Chambre.

1848

REMÈDE

A LA

CRISE FINANCIÈRE ACTUELLE

DÉPOSÉ AU 4ᵉ BUREAU

PAR M. AUBERTIN, REPRÉSENTANT DE LA MARNE.

On pense généralement que le *numéraire métallique*, secondé par le crédit, suffit à tous les besoins du commerce et de l'industrie ; cette erreur est la cause première des désastres occasionnés par les grands événements politiques qui mettent en question les positions particulières.

Pour vérifier ce fait, que l'on examine l'inventaire général, et l'on verra qu'en temps calme, il se crée de tous côtés un *numéraire artificiel*, sous la forme de *billets*, de *traites*, de *comptes-courants*, etc., qui supplée à l'insuffisance réelle de l'argent, et qui ne repose que sur la confiance réciproque des citoyens.

Ce *numéraire artificiel*, quintuple du *numéraire métallique*, s'évanouit brusquement à la moindre convulsion politique ; alors la nation entière se trouve dans la situation d'un négociant dont le PASSIF *exigible* est quintuple de l'ACTIF *disponible*, et qui n'obtient aucune concession de ses créanciers, bien que ses magasins regorgent de produits fabriqués, dont l'écoulement est suspendu.

Cette désertion du *numéraire artificiel* a, en outre, pour conséquence forcée, la séquestration d'une notable partie du *numéraire métallique*, déjà insuffisant pour les simples besoins essentiels de la vie de ceux qui le possèdent, qui ne se hasardent plus à réaliser des productions dont on peut se passer à la rigueur.

Le résultat de cet état de choses est, à certaines époques, l'anéantissement de l'industrie et du commerce, pour un temps dont on ne peut évaluer la durée, et qui, s'il se prolonge, amène la ruine, et, trop souvent le massacre de ceux qui possèdent.

Ces redoutables conséquences ne seraient pas à craindre dans un État où le *numéraire effectif* serait en proportion raisonnable avec les besoins de l'industrie nationale. Dans cet État, les *engagements à terme* (dangereux en ce qu'ils nécessitent la vente forcée du produit à époque fixe, ou la banqueroute) disparaîtraient en grande partie, pour faire place à la commandite, dont l'actif est perpétuellement soldé par les produits en nature, et qui n'exige pas à contre-temps une vente qui la ruinerait, en paralysant l'écoulement normal des produits.

Mais, comme la réalisation d'un tel numéraire en métaux précieux serait impossible, il faut y suppléer par un autre genre de valeurs, et nous allons nous livrer à l'examen des principales questions qui intéressent cette matière.

Les métaux précieux, et tous les autres produits, ont une valeur basée sur leur rareté, sur leur utilité et sur leur prix de revient, valeur qui peut être anéantie ou dépréciée par une découverte de mines, par une nouvelle invention, par des détériorations, etc.

On doit reconnaître qu'en admettant les produits comme signe fondamental d'échange et de circulation, on ne pouvait choisir plus heureusement qu'en adoptant les métaux précieux pour cette fonction, en effet, ils sont peu variables dans leurs prix de revient, ils sont susceptibles de tous les fractionnements désirables, ils éprouvent peu d'altération par l'usage, enfin, ils sont vérifiables par ceux qui les reçoivent, quant au titre de leur pureté et à leur poids, déjà attestés par l'empreinte qu'ils reçoivent à la Monnaie.

Mais si ces qualités sont de nature à en faire un signe conventionnel d'échange et de circulation , leur rareté les rend insuffisants ; de là les inconvénients que nous avons signalés plus haut, et cette conséquence, qu'il y a péril grave à leur attribuer sans partage l'empire du commerce et de l'industrie.

Ici surgit cette grave question : *Trouvera-t-on une seconde valeur d'échange présentant une garantie aussi complète que celle de l'argent ?*

A cette question nous répondrons que les valeurs conventionnelles d'échange et de circulation doivent, pour être parfaites, *n'être soumises à aucune chance de dépréciation* ; que l'argent , comme tous les autres produits, est soumis à des chances de cette nature, et que la seule valeur incommutable, est *la source même des produits,* c'est-à-dire le SOL.

Or, en prenant le SOL pour base de la valeur d'échange et de circulation qu'il s'agit de créer, non-seulement nous obtenons un numéraire dont la garantie est mieux assise que celle de l'argent , mais encore nous évitons les frais occasionnés par les détériorations, suites inévitables de son usage.

C'est, du reste, au profit de la propriété que nous la choisissons pour garantie d'un nouveau numéraire ; car, en la grevant d'un privilége, l'État remettra au propriétaire même le capital hypothéqué, n'exigera que 3 % de ce capital, et dégrèvera la propriété immobilière de l'impôt foncier, et des portes et fenêtres.

Le prêt fait au propriétaire constituera , sur l'immeuble, une rente perpétuelle non remboursable , dont le capital aura été remis en titres appelés CÉDULES FONCIÈRES, non productifs d'intérêt, et qui, assimilés au numéraire métallique, auront cours légal et forcé.

La mesure serait générale, et toute propriété serait grevée de ce privilége au profit de l'Etat, c'est-à-dire *pour la garantie du nouveau numéraire*, jusqu'à concurrence du tiers de sa valeur incommutable (1).

Ce serait une erreur de croire que l'acceptation forcée de ce papier par les propriétaires pourrait leur être préjudiciable et exciter leurs justes réclamations, en raison de la rente perpétuelle qu'elle établirait sur leurs immeubles.

En effet, la propriété est sujette à impôt, et l'impôt est une rente perpétuelle et privilégiée qui la grève.

La quotité de cette rente perpétuelle pourrait donc, seule, être discutée; or examinons la question sous ce point de vue.

D'une part, l'impôt foncier et des portes et fenêtres équivalant au huitième du revenu, et le revenu étant la vingt-cinquième partie de la valeur capitale de l'immeuble, il s'ensuit que l'impôt est de *un demi* pour cent, c'est-à-dire qu'une propriété valant 150,000 fr. paye, approximativement, 750 fr. d'impôt.

Si l'application de notre système était facultative, le propriétaire d'un immeuble de 150,000 fr. aurait donc à choisir entre ces deux propositions :

Ou payer annuellement 750 fr. sans rien recevoir ;

Ou payer annuellement 1,500 fr., après avoir reçu un capital de 50,000 fr., qu'il n'obtiendrait aujourd'hui que moyennant un intérêt annuel de 2,500 fr.

On ne peut admettre l'hésitation de la part d'aucun propriétaire; car, le second, qui ne payerait que 750 fr.

---

(1) La valeur incommutable de la propriété n'est, terme moyen, que des deux tiers de la valeur vénale actuelle. On évalue la propriété en France à 63 milliards environ; sa valeur incommutable n'est que de 42 milliards environ.

de plus que le premier, aurait en réalité la jouissance de 50,000 fr. à l'intérêt annuel de *un et demi* pour cent.

D'autre part, en considérant la position générale des propriétaires, nous remarquons que leurs immeubles sont, terme moyen, grevés d'hypothèques pour le tiers de leur valeur, et qu'ils payent un intérêt annuel de 5 pour cent à leurs créanciers, indépendamment de tous les frais accessoires que leur coûte l'entretien de leur dette.

Si l'État leur met en main un numéraire qui ne leur reviendra (impôt déduit) qu'à *un et demi* pour cent, et au moyen duquel ils pourront rembourser leurs dettes, il s'ensuivra, en leur faveur, une économie de 3 et demi pour cent par an; c'est-à-dire que le propriétaire débiteur de 50,000 fr. qui payait annuellement :

Pour l'impôt foncier et des portes et fenêtres..... 750 f.	
Et pour l'intérêt à 5 p. 0/0 de sa dette........... 2,500	3,250 fr.
N'aura plus à payer en totalité que 3 p. 0/0 sur 50,000 fr., c'est-à-dire.............................	1,500
Son revenu se trouvera donc augmenté par an de....	1,750 fr.

Si l'on nous objecte que quelques propriétaires ne sont pas débiteurs, et qu'il sera fâcheux pour ceux-ci de recevoir un capital, même à l'intérêt de *un et demi* pour cent, dont ils ne sauront que faire, nous répondrons qu'ils trouveront mille moyens de l'employer utilement, par exemple :

1° En acquisitions de nouvelles propriétés ou en amélioration des propriétés qu'ils possèdent;

2° Dans les emprunts que fera l'État, soit pour rembourser son ancienne dette, ainsi qu'il sera dit plus loin, soit pour l'achat des chemins de fer, et pour faire face aux besoins actuels;

3° En placements hypothécaires sur les immeubles des propriétaires auxquels le tiers de la valeur n'aurait pas suffi.

4° En commandite d'associations particulières de travailleurs, etc., etc.

On comprend quelle activité de tels emplois donneront à l'industrie et au commerce, et nous ferons remarquer que le propriétaire a tout à y gagner ; car, où le capital manque pour l'utilisation des produits naturels et leurs transformations, la propriété *ruine son possesseur ;* où ce capital abonde, *elle l'enrichit.*

Afin de faire apprécier la quotité du numéraire en CÉDULES FONCIÈRES qui pourrait être créé immédiatement, nous donnons ici un aperçu de la valeur de la propriété immobilière en France.

Nous faisons remarquer que nous n'évaluons, en ce qui concerne la propriété non bâtie, que le sol, déduction faite des produits qui le recouvrent, tels que les arbres, les vignes, etc.

NATURE des IMMEUBLES.	NOMBRE D'HECTARES de chaque nature.	PRIX de l'hectare.	VALEUR TOTALE.
		f	f
Terres labourables..........	25,000,000	800	20,000,000,000
Prés.....................	5,000,000	1,000	5,000,000,000
Vignes...................	2,000,000	800	1,600,000,000
Vergers, jardins, pépinières...	650,000	1,000	650,000,000
Cultures diverses..........	1,000,000	800	800,000,000
Bois....................	7,000,000	500	3,500,000,000

Nous négligeons les pâtis, landes, bruyères, étangs, etc.

Propriétés bâties, y compris le sol..............	10,450,000,000
TOTAL GÉNÉRAL..........	42,000,000,000

Ainsi l'Etat, en créant des CÉDULES FONCIÈRES pour le tiers de la valeur de la propriété, mettrait en circulation 14 milliards de numéraire.

Après avoir déterminé les avantages du propriétaire et

de l'industrie, dans le système que nous proposons, examinons les avantages qu'en retirerait l'Etat.

Ces avantages consisteraient en une *Réduction du capital de la dette publique*, en une *Economie sur les dépenses*, en une *Augmentation de revenu*; et, enfin, en *Ressources abondantes*, pour faire face à tous les besoins de l'actualité et de l'avenir.

RÉDUCTION DU CAPITAL DE LA DETTE PUBLIQUE.

La dette publique, déduction faite des cautionnements et des canaux, qui présentent un chiffre total de 329,168,220 fr., s'élève aujourd'hui à 6,476,044, 368 fr.

Rien ne sera plus favorable aux propriétaires d'immeubles qui recevront des *cédules foncières*, que de leur offrir le moyen de placer sur l'Etat, au taux de 3 p. °/o, des titres qu'ils reçoivent à la condition de payer à l'État un intérêt équivalent.

En effet, cette opération, qui établit une compensation, aura pour résultat net et instantané de les libérer de tout impôt foncier et des portes et fenêtres, sans les astreindre à aucune administration de deniers.

Or, l'État, en se libérant de sa dette actuelle au moyen de la substitution de ces nouveaux créanciers, la réduirait de 1,042,616,648 fr.; cette réduction se répartirait ainsi :

DÉSIGNATION des DETTES.	CAPITAL de la dette actuelle.	TAUX du RACHAT.	CAPITAL employé AU RACHAT.	CHIFFRE de la réduction DE LA DETTE.
5 p. cent......	2,935,050,560	au pair..	2,935,050,560	»
4 1/2 p. cent...	22,813,333	à 90 0/0.	20,932,000	1,881,333
4 p. cent......	662,684,375	à 80 0/0.	530,147,500	132,536,875
3 p. cent......	2,270,496,100	à 60 0/0.	1,362,297,660	908,198,440
Dette flottante..	585,000,000	au pair..	585,000,000	»
TOTAUX......	6,476,044,368		5,433,427,720	1,042,616,648

ÉCONOMIE SUR LES DÉPENSES.

L'intérêt que l'État paie aujourd'hui aux créanciers des dettes mentionnées ci-dessus, s'élève à **264,401,386 fr.**, et se répartit ainsi :

Aux créanciers du 5 p. 0/0.......	146,752,528 f.	
Aux créanciers du 4 1/2 p. 0/0...	1,026,600	
Aux créanciers du 4 p. 0/0.......	26,507,375	264,401,386 fr.
Aux créanciers du 3 p. 0/0.......	68,114,883	
Aux créanciers de la dette flottante.	22,000,000	

L'État ne paierait plus, à raison de 3 p. 0/0 sur 5,433,427,720 fr. qu'un intérêt annuel de........... 163,002,831

Il trouverait sur ce chapitre une économie annuelle.. 101,398,555

SECOND EMPLOI DE CÉDULES FONCIÈRES.

ACHÈVEMENT DES CHEMINS DE FER. — BESOINS DE L'ÉTAT.

Nous venons de parler de l'emploi immédiat par les propriétaires, pour le rachat de la dette actuelle, d'un capital en CÉDULES FONCIÈRES, de .... 5,433,427,720 f.

Cet emploi ne serait pas le seul à faire sur l'État ; un nouvel emprunt est indispensable pour l'achèvement des chemins de fer, l'exécution des travaux (1), et pour faire face à toutes les exigences du moment. Le capital de cet emprunt sera au moins de. 2,566,572,280

La dette totale pourra donc s'élever à...... 8,000,000,000 f.

La rente annuelle de ce capital sera servie moyennant 240 millions, quand la dette actuelle en exige 264.

La garantie hypothécaire privilégiée des CÉDULES FONCIÈRES, le large emploi qui leur est ouvert par la transformation de la dette publique et par le nouvel emprunt,

---

(1) Que l'État devienne propriétaire des chemins de fer, ou qu'il reste dans sa situation actuelle vis-à-vis des compagnies, il lui faudra toujours le capital d'exécution.

enfin l'acceptation par les caisses de l'Etat de ce papier pour le paiement de tous les impôts, inspireraient une confiance générale, déjà excitée par tous les propriétaires émettants. Aussi, dès le principe, les *cédules foncières* jouiraient-elles d'un crédit égal à celui du numéraire métallique.

AUGMENTATION DU REVENU DE L'ÉTAT.

La création de 14 milliards de cédules foncières rapporterait à l'État, à raison de 3 p. 0/0, un revenu annuel de..........	420,000,000 fr.
La substitution de ce revenu à celui qui serait supprimé de l'impôt foncier qui est de..... 159,155,783 Et de l'impôt des port. et fen. qui est de. 25,000,976	184,156,759
Produirait une augmentation de revenu annuel de.	235,843,241 fr.

Nous devons faire remarquer que notre système ne retranche rien des revenus provenant des *mutations*, des *droits d'enregistrement*, de *timbre*, etc., ni des contributions indirectes ou de consommation, qui frappent les produits.

COLONISATION DE L'ALGÉRIE.

En appliquant le même système financier à l'Algérie, l'Etat peut créer toutes les ressources nécessaires à une riche et prompte colonisation ; et, cela, en dégrevant notre budget des sommes énormes que nous coûte cette colonie.

RÉSUMÉ DE TOUT CE QUI PRÉCÈDE.

Notre système a pour résultat :

1º De dégrever le propriétaire de l'impôt foncier et des portes et fenêtres ;

2º De fournir à l'agriculture dans une portion raisonnable, et à un taux en harmonie avec ses ressources, les capitaux dont elle manque, et qui sont nécessaires à son développement;

3° De substituer aux valeurs artificielles qui alimentent l'industrie commerciale, et qui l'exposent à des crises ruineuses, des valeurs réelles que les événements ne pourront discréditer ;

4° De diminuer le chiffre de la dette publique actuelle et les dépenses qu'elle met à la charge du budget;

5° D'augmenter les revenus de l'État;

6° De fournir à l'État les capitaux nécessaires à la bonne administration et à l'achèvement des chemins de fer, des canaux, etc. ;

7° De donner un emploi utile et immédiat à toutes les forces inactives, et, par là, détruire la misère du peuple;

8° De fournir toutes les ressources nécessaires pour que l'intérêt particulier des citoyens favorise une sage organisation du travail, en commanditant les industries diverses;

9° Enfin, de faire de l'Algérie, qui, aujourd'hui, est une charge ruineuse pour la France, une source de produits pour l'État, et de fortune pour ceux qui participeront à sa colonisation.

PROJET DE DÉCRET.

Nous donnons ici les principales dispositions que devra contenir un décret sur la matière.

I. L'État créera, au profit des propriétaires d'immeubles, des valeurs de circulation qui leur seront remises, et dont ils seront les seuls et véritables émettants.

II. Ces valeurs prendront le nom de cédules foncières; elles auront pour objet de représenter le tiers de la valeur incommutable des immeubles, sur lesquels elles seront hypothéquées en vertu d'un privilége qui ne pourra être primé par aucun autre.

III. Les cédules foncières auront cours légal et forcé ; elles ne seront pas productives d'intérêt.

IV. La valeur nominale des cédules foncières sera de 5 fr., de 25 fr., de 100 fr. ou de 500 fr.; une loi relative à l'exécution indiquera la proportion de chacune de ces espèces.

V. La création des cédules foncières ne pourra dépasser le chiffre total de quatorze milliards.

VI. Le propriétaire qui aura reçu les cédules foncières représentant le tiers de la valeur de ses immeubles, paiera à l'Etat un intérêt annuel de 3 p. 0/0 du montant en capital de ses cédules, et en raison de ee paiement, sera déchargé de l'impôt foncier et des portes et fenêtres.

VII. Relativement aux propriétés grevées d'hypothèques ou de priviléges, la marche suivante sera observée pour la remise des cédules foncières.

S'il s'agit d'hypothèques conventionnelles, les cédules foncières seront remises par l'Etat aux créanciers, contre leurs quittances, si mieux ils n'aiment conférer antériorité à l'Etat et borner leurs droits hypothécaires à l'excédant de la valeur des immeubles.

S'il s'agit de priviléges ou d'hypothèques légales non remboursables, comme aussi de rentes viagères, l'Etat conservera les cédules, et ne remettra aux ayants-droit qu'un titre de rente 3 p. 0/0, inaliénable jusqu'à ce que les ayants-droit aient justifié qu'ils jouissent de la libre disposition de leurs biens; alors les titres de rente seront rendus transmissibles.

VIII. Pour mettre obstacle à la contrefaçon, et pour faire disparaître les doutes qui pourraient altérer la confiance, il sera établi, dans chaque ville ou localité importante, un vérificateur cautionné, chargé de contrôler les cédules présentées à sa vérification, et qui en attestera la vérité sous sa garantie personnelle.

RÉPONSE A QUELQUES OBJECTIONS.

1. Nous ne croyons pas devoir prendre au sérieux les craintes exprimées par quelques personnes, que l'on ne confonde les *cédules foncières* avec les *assignats.*

Chacun sait que le clergé et les émigrés protestaient contre la confiscation de leurs propriétés, qui servaient de base aux premières émissions. Cette simple protestation suffisait à anéantir radicalement la confiance publique.

D'un autre côté, l'émission des assignats, faite par l'État et à son profit, faisait redouter les abus qui se réalisèrent d'une manière si scandaleuse, et qui devaient rendre absolument nul ce gage déjà contesté.

Dans notre système, les propriétaires ne peuvent contester la réalité du gage, puisqu'il résulte de la livraison qui leur est faite d'un capital. Personne ne peut craindre l'abus, car nulle cédule foncière ne peut être créée sans être privilégiée sur un immeuble de valeur plus que triple du numéraire dont il est la souche.

2. Quelques esprits, préoccupés de la pensée que l'on ne doit pas porter atteinte à la liberté individuelle, prétendent que le propriétaire doit rester libre de prendre ou de ne pas prendre des cédules foncières ; comme conséquence de leur système, ces personnes admettent que chaque propriétaire sera libre, après avoir accepté des cédules, de se libérer en les restituant à l'État.

Nous leur répondrons que la liberté n'est pas atteinte par une mesure générale et d'utilité publique, en tant qu'il y a indemnité du préjudice occasionné ; or, l'indemnité est complète dans notre système puisqu'on n'enlève rien de la propriété, et que le privilége dont on la grève n'est que la simple représentation de la somme reçue par le propriétaire.

Il y aurait un grave inconvénient à agir en cette matière au caprice de chacun, car le refus de quelques-uns tendrait à discréditer le nouveau numéraire. Puis, si l'on veut être conséquent, il faudrait aussi laisser à chacun le droit d'accepter ou de ne pas accepter les *cédules foncières* émises ; car pourquoi respecterait-on plus la liberté du propriétaire qu'on ne respecterait la liberté de son créancier ?

Enfin, toute loi financière doit être générale, simple, exempte de complications administratives ; or, les personnes qui veulent l'acceptation facultative et le remboursement, ne se sont pas rendu compte de l'énorme comptabilité que nécessiteraient l'émission et la rentrée de cédules livrées ou restituées au gré des individus, et dans les proportions qu'ils jugeraient convenables à leurs intérêts.

La confusion que jetterait un tel mode d'application dans les finances de l'État suffirait aux esprits pratiques pour repousser un système qui, cependant, peut seul nous sauver de la dangereuse position où nous nous trouvons.

3. D'autres veulent que les *cédules foncières* soient productives d'intérêt en faveur de ceux qui en seront porteurs.

Ce système aurait, d'une part, pour résultat, de paralyser la mesure ; car il s'agit de créer un numéraire de circulation, et non des titres de rentes que les capitalistes se hâteraient de séquestrer au préjudice de l'industrie nationale, ainsi que cela a lieu en Prusse au sujet des *Pfandbriefe*.

D'autre part, en supposant la circulation de quelques cédules, il faudrait à chaque transaction établir un compte d'intérêt pour connaître la valeur du titre transmis.

Ces deux graves inconvénients proscrivent les *cédules-rentes*.

4. Les économistes de l'ancienne école, qui ont établi leurs calculs sur l'état social aristocratique, dans lequel les riches seuls consomment et entreprennent, craignent que l'abondance du nouveau numéraire ne réagisse sur le prix des produits.

Sans nous arrêter à cette crainte mal fondée, nous serions cependant d'avis de procéder par émissions successives; d'abord d'un sixième de la propriété, c'est-à-dire de 7 milliards environ, et cela, sans détruire l'impôt ; puis, si les besoins ne sont pas satisfaits, d'un autre sixième, en détruisant l'impôt.

IMPRIMERIE CENTRALE DE NAPOLÉON CHAIX ET Cⁱᵉ.